Instagram Marketing für Anfänger

Mit diesen Tipps und Tricks mehr Followers und Reichweite generieren mit Social Media Marketing in nur kürzester Zeit erfolgreicher und beliebter Influencer werden

von Alessandro Fiorentini

Inhaltsverzeichnis

Einleitung 3

Was ist Instagram und warum Sie es nutzen sollten 6

Instagram für Ihr Unternehmen 17

Wie man eine richtige Fanbase aufbaut - 25.000 Follower in nur 3 Monaten 22

Die perfekte Marketing-Strategie 40

Hier sind einige Strategien, um Instagram-Follower auf Ihre Website oder Landing-Page zu leiten: 56

Es gibt eine Vielzahl von Tools zur Messung des Fortschritts und zur Analyse der Ergebnisse 60

Tools von Drittanbietern 61

Die besten Instagram-Tools 64

Bonus: 25 Hacks zum erfolgreichen Durchstarten 74

Die Power-Tipps zusammengefasst 81

Fazit 86

Hat ihnen das Buch gefallen? 88

Haftungsausschluss 89

Urheberrecht 90

Impressum 91

Einleitung

Möchten Sie sich selbst oder Ihr Unternehmen auf Instagram ausbauen? Möchten Sie wissen, welche Marketing-Geheimnisse Sie auf Instagram auf die nächste Stufe bringen werden?

Wenn Sie gelernt haben, wie Sie sich auf Instagram richtig vermarkten, können Sie es auch in den nächsten Jahren aufrechterhalten.

Also, was ist das wahre Geheimnis, um auf Instagram zu wachsen?

Sie sind dabei, genau zu erfahren, wie Sie ein erfolgreiches Unternehmen auf Instagram vermarkten, werben und wachsen können.

Dieses Buch enthält eine Fülle von Informationen, praktischen Tricks und Tipps mit denen Sie einen Schritt voraus sind, wenn Sie Ihr eigenes Geschäft schaffen und ein erfolgreicher Influencer sein möchten!

In diesem Buch zeigen wir Ihnen, wie Sie sich vermarkten und Instagram effektiv einsetzen können, um eine tiefere Interaktion mit den Followern zu schaffen.

Dieses Buch ist ein Leitfaden, mit dem Sie exponentiell wachsen können, indem Sie das Potenzial einer erstaunlichen Social Media-Plattform namens Instagram nutzen. Sie haben vielleicht bereits von dieser revolutionären Image-Sharing-App gehört, die bei Social-Media-Nutzern ein absoluter Favorit ist. Wussten Sie jedoch, dass Sie dieselbe App verwenden können, um den Bekanntheitsgrad Ihrer Marke zu steigern und Ihre Geschäftsmöglichkeiten zu erweitern? Es ist einfach. Alles, was Sie tun müssen, ist, die App herunterzuladen und ein Profil für Ihr Unternehmen zu erstellen. Dann können Sie mit dem Posten von Bildern, Weitergeben und Kommentieren wie auf jeder anderen Social-Media-Plattform beginnen.

Sehen Sie selbst, wie Ihr Unternehmen ein größeres Publikum erreicht, wodurch Sie mehr Geld verdienen. In diesem Buch erfahren Sie alles über die grundlegenden

Funktionen, die Sie ausführen müssen, wie Sie die verschiedenen coolen Funktionen von Instagram nutzen können, um das einzigartige Profil Ihrer Marke aufzubauen.

Dieses Buch ist unterhaltsam und informativ zur gleichen Zeit und wir sind sicher, dass Sie es lieben werden. Wir werden die Themen näher untersuchen, um Sie beim Aufbau eines erfolgreichen Instagram-Kontos für Ihr Unternehmen zu unterstützen.

Was können Sie im Buch erwarten?

Hier haben Sie eine Vorschau:

- Was ist Instagram und wie nutzen Sie es am besten
- Instagram für das Unternehmen

Wenn Sie mehr über Instagram erfahren möchten, sei es für den privaten oder geschäftlichen Gebrauch, bietet dieses Buch auf jeden Fall alles, was Sie wissen müssen. Sind Sie bereit?

Was ist Instagram und warum Sie es nutzen sollten

Instagram braucht möglicherweise keine Einleitung, aber für die, denen es nicht bekannt ist, handelt es sich um eine kostenlose Social-Networking-App, mit der Benutzer Fotos und Videos aufnehmen und freigeben können.

Instagram wurde im Oktober 2010 von Kevin Systrom und Mike Krieger gegründet und gewann rasch an Popularität. Bis zu einer Zeit, zu der es weniger als zwei Jahre später von Facebook erworben wurde, zog es mehr als 100 Millionen aktive Nutzer für eine Milliarde Dollar an. Instagram ist mittlerweile auf über 400 Millionen Nutzer angewachsen und ist zu einem der führenden sozialen Netzwerke geworden.

Neben dem Freigeben von eigenen Fotos und Videos, kann man Bildunterschriften hinzufügen, die Bilder und Videos mit einem Filter bearbeiten, Einstellungen anpassen, mit anderen interagieren, und so viel mehr.

Wenn Sie Ihre Fotos auf Instagram veröffentlichen, haben Sie die Möglichkeit, sie gleichzeitig auf anderen Social-Media-Sites wie Facebook, Twitter, Tumblr und Flickr zu veröffentlichen. Sobald Ihre Bilder veröffentlicht sind, können Ihre Freunde „gefällt mir“ klicken und kommentieren.

Doch auf Instagram kann man auch Suchen durchführen und man kann nach Fotos und Videos mit Motiven suchen, die Sie mögen, beispielsweise "glückliche Katzen" oder "Paris". Durch das Hinzufügen von Hashtags, z. B. #happycats oder #paris, können die Benutzer andere Bilder und Videos von Benutzern entdecken und denen kann man dann auch folgen. Sie können auch Prominente, Marken und Sportvereine verfolgen.

Instagram funktioniert am besten als App, die Sie auf einem mobilen Gerät verwenden. Sie ist kostenlos im App Store für iOS, Google Play für Android und im Windows Phone Store verfügbar. Sie müssen sich zuerst anmelden, um sich zu registrieren, oder Sie können sich bei Facebook anmelden.

Doch wie funktioniert dort alles? Wie sollte man Instagram nutzen?

Im Folgenden werden wir den Prozess der Verwendung von Instagram in einfache Schritte aufteilen.

Erster Schritt: Erstellen Sie Ihr Profil

Nachdem Sie die Instagram-App (kostenlos!) auf Ihr Telefon heruntergeladen haben, müssen Sie zunächst ein Konto erstellen. Sie können sich mit Ihrer E-Mail-Adresse anmelden oder Ihr Instagram-Konto mit Ihrem vorhandenen Facebook-Profil verknüpfen. Von dort aus werden Sie aufgefordert, einen Benutzernamen (auch als Instagram-Handle bezeichnet) und ein Kennwort zu erstellen.

Versuchen Sie, einen Benutzernamen / Handle auszuwählen, der Ihren tatsächlichen Namen oder Ihre Marke widerspiegelt, damit Freunde und Familie Sie in der App problemlos finden können. Die meisten Leute verwenden ihren richtigen Namen oder Spitznamen (plus Geburtsjahr oder eine andere Zahl, wenn der Name bereits vergeben ist) oder den genauen Namen ihrer Firma.

Es ist immer eine gute Idee, ein Foto, eine kurze Biografie und einen Website-Link hinzuzufügen, wenn Sie dies haben, wenn Sie Ihr Profil zum ersten Mal einrichten. Sie können Ihr Foto oder Ihre Biografie jederzeit über die Schaltfläche "Profil bearbeiten" auf Ihrer Instagram-Profilseite ändern. Dies ist wichtig, denn wenn Sie Menschen folgen und nach Personen suchen, die Sie zurückverfolgen können, möchten sie wissen, wer Sie sind und worum es geht.

Zweiter Schritt: Folgen Sie anderen Konten

Auf Facebook haben Sie „Freunde“. Auf Instagram sammeln Sie „Follower“. Dies sind die Personen, deren Inhalte Ihren Feed füllen. Der Instagram-Feed ähnelt dem Newsfeed von Facebook. Da Instagram jedoch visueller ist, enthält Ihr Instagram-Feed viel mehr Fotos als Artikel und textbasierte Updates (es sei denn, Sie verfolgen natürlich eine Vielzahl von Instagram-Dichtern und / oder Meme-Accounts). Folgen Sie Freunden, Verwandten und anderen Marken- oder Instagram-Influencern, deren Konten Sie inspirieren.

Instagram fordert Sie auf, Ihren Facebook-Freunden zu folgen, die bereits auf Instagram sind. Sie machen es sehr einfach, die Instagram-Konten von Personen in Ihrem bestehenden Netzwerk zu finden.

In jedem Benutzerprofil wird eine Schaltfläche "Folgen" angezeigt. Dies ist, was Sie anklicken, um jemandem zu folgen, mit dem Sie interagieren möchten. Wenn ein Benutzer jedoch ein privates Profil hat, muss er Ihre Folgeanforderung genehmigen, wodurch Sie die Berechtigung erhalten, den Inhalt anzuzeigen.

Wenn Sie nicht nur den Bekannten folgen möchten, verwenden Sie die Suchregisterkarte (klicken Sie auf das kleine Lupensymbol unten in der App), um die für Sie empfohlenen Beiträge zu durchsuchen. Diese Seite wird als Explore-Seite bezeichnet. Sie enthält Tausende und Abertausende interessante Fotos, Videos und Konten, die Sie entdecken können.

Dritter Schritt: Mit dem Inhalt zu tun haben
Ähnlich wie Sie einen Beitrag auf Facebook mit einem Klick auf das kleine Daumen-Symbol „liken", können Sie einen Beitrag auf Instagram „liken", indem Sie auf ein Herzsymbol klicken. Sie können einen Instagram-Beitrag „liken", indem Sie auf das Herz-Symbol in der linken unteren Ecke jedes Beitrags in Ihrem Feed klicken oder einfach auf das Bild zweimal tippen. Bei jeder Aktion wird das leere, umrahmte Herzsymbol rot angezeigt, um zu bestätigen, dass sich Ihr „Gefällt mir" registriert hat.

Wenn Sie einen Instagram-Beitrag mögen, zeigen Sie, dass Sie einen bestimmten Inhalt schätzen. Außerdem versucht Instagram Posts zu zeigen, die Ihnen gefallen. Instagram sorgt dafür, dass Sie mehr von der Art von Inhalten sehen, die Sie "mögen". Außerdem wird empfohlen, dass Sie Konten folgen, die ähnliche Inhalte veröffentlichen.

Grundsätzlich gilt: Je mehr Sie sich mit einer bestimmten Art von Inhalten beschäftigen, desto besser ist es für Instagram, Ihr Feed an Ihren persönlichen Geschmack anzupassen.

Wenn Sie einen Kommentar auf einem Foto hinterlassen möchten, klicken Sie einfach auf die Sprechblase unter einem Beitrag und geben Sie ihn ein. Geben Sie zum Kennzeichnen einer Person in einem Kommentar den Handle dieser Person (z. B. @j_mark) gefolgt von Ihrer Nachricht ein. Durch das Markieren eines anderen Benutzers in einem Kommentar wird dieser Benutzer auf den Beitrag hingewiesen. Wenn Sie also etwas besonders Lustiges oder Bewegendes finden, möchten Sie vielleicht Ihren besten Freund darauf aufmerksam machen. Sie erhalten eine Benachrichtigung, wenn sie sich das nächste Mal bei der App anmelden. Sie können den gleichen Beitrag kommentieren und Ihren Handle mit einem Tag versehen.

Vierter Schritt: Veröffentlichen Sie Ihre eigenen Fotos oder Videos

Bei Instagram geht es darum, die schönsten, lustigsten und interessantesten Momente des Lebens zu teilen. Sie tun dies, indem Sie Fotos und Videos freigeben. Denken Sie über alle Inhalte nach, die Sie in Ihrem Feed sehen. Lassen Sie sich davon inspirieren. Sie haben die Wahl,

was Sie teilen - ob Sie sich auf Landschaftsaufnahmen Ihrer Reisen, Ihre Lieblingszitate, lustige Memes, Ihr Kunstwerk oder Fotos Ihrer Freunde und Familie konzentrieren.
Wenn Sie ein Foto freigeben möchten, klicken Sie einfach auf das kleine [+] in der Mitte der Navigationsleiste am unteren Bildschirmrand, wenn die App geöffnet ist. Instagram ist in Ihre Kamerarolle integriert, sodass Sie durch alle Ihre Fotos scrollen können, um das zu finden, das Sie teilen möchten.

Um das Foto auszuwählen, das Sie veröffentlichen möchten, tippen Sie einfach auf das Bild. Es wird oben auf dem Bildschirm angezeigt. Durch Klicken auf das Multi-Quadrat-Symbol wird die Layout-Funktion geladen, sodass Sie eine Collage aus mehreren Fotos erstellen können. Durch Auswählen der Diashow-Schaltfläche können Sie aus mehreren Fotos einen Diashow-Beitrag erstellen.

Wenn Sie Ihre Fotos ausgewählt haben, klicken Sie in der rechten oberen Ecke der App auf die Schaltfläche "Weiter". Der nächste Schritt besteht darin, einen Filter hinzuzufügen, wenn Sie möchten. Scrollen Sie dazu einfach durch die unten aufgeführten Optionen (Normal, Clarendon, Mond, Lerche, Juno, Schlummer usw.) und klicken Sie auf jede Option, um zu sehen, wie sich das Foto als Ergebnis ändert.

Wenn Sie sich für einen Filter entschieden haben, klicken Sie in der oberen rechten Ecke des Bildschirms erneut auf "Weiter". Sie werden dann aufgefordert, eine Bildunterschrift zu schreiben. Machen Sie es unbeschwert, lustig oder aufschlussreich - was für Ihren Beitrag gut geeignet erscheint. Sie können auch "Hashtags" einschließen, die einfach aus Wörtern bestehen, gefolgt vom Hashtag-Symbol #, das den Inhalt nach bestimmten Themen wie #happy, #family, #bff oder #dogs organisiert.

Zum Schluß klicken Sie auf "share" in der oberen rechten Ecke. Ihr Beitrag wird in den Feeds Ihrer Follower geteilt. Sie werden auch im Raster Ihrer Profilseite angezeigt.

Neben den Standardfiltern von Instagram können Sie auch Apps wie VSCO verwenden, um Fotos zu bearbeiten, bevor Sie sie auf Instagram hochladen.

Instagram Funktionen

Im Laufe der Jahre hat Instagram viele neue Funktionen hinzugefügt, um die Benutzererfahrung anzupassen. Hier sind einige der aufregendsten aktuellen Instagram-Updates.

Instagram Direct

Instagram Direct ähnelt dem Facebook Messenger. Sie können Fotos, Videos, Profile und persönliche Nachrichten für einzelne Follower oder Gruppen freigeben. Wenn Sie mit Instagram Direct experimentieren möchten, klicken Sie auf das kleine blaue Pfeilsymbol in der oberen rechten Ecke Ihrer App. Instagram Direct ist jedoch nicht nur für Sie und Ihre Anhänger. Wenn Sie in Ihre Nachrichten klicken und auf "Andere" klicken, werden Nachrichten von anderen Konten angezeigt, denen Sie nicht folgen. Sie können Nachrichten von Konten akzeptieren oder ablehnen, denen Sie nicht folgen.

Instagram-Geschichten (Instagram Stories)

Als Instagram Stories zum ersten Mal auf den Markt kamen, wurde sie von einigen als Snapchat-Nachahmer kritisiert. Egal, heute nutzen doppelt so viele Menschen (rund 400 Millionen) die Instagram Stories-Funktionalität wie die Snapchat-Kollegen. Um eine Instagram Story zu erstellen, klicken Sie auf Ihr kreisförmiges Profilfoto. Dadurch wird Ihre Kamera aufgefordert, sich zu öffnen. Mit Ihrer Kamera können Sie Fotos, Videos oder Gifs aufnehmen oder den Finger auf dem Bildschirm nach oben ziehen, um auf Ihre Kamerarolle zuzugreifen und bereits aufgenommene Fotos hochzuladen. Alles, was Sie in Ihre Story hochladen, wird innerhalb von 24 Stunden gelöscht.

Instagram-Highlights

Da viele Menschen an den Inhalten, die sie für ihre Geschichten erstellen, Freude haben, können Sie „Highlights" erstellen, um sie für Tage und Wochen in Ihrem Profil zu halten. Auf diese Weise müssen Sie sich keine Sorgen machen, dass Ihre Geschichte nach 24 Stunden verschwindet.

Um ein Highlight zu erstellen, klicken Sie einfach in Ihrem Profil auf die Schaltfläche + NEW. Sie können ein Cover und einen Titel auswählen und so viele vergangene Storys hinzufügen, wie Sie möchten. Wenn Sie auf diese Highlights klicken, während Sie den Instagram-Feed einer anderen Person durchsuchen, sehen Sie die Geschichten, die sie ausgewählt haben.

Geräte, durch die Sie auf Instagram zugreifen können

Instagram ist kostenlos für iOS- und Android-Geräte verfügbar. Es gibt auch eine Desktop-Version, aber Sie können nur mit Followern interagieren, indem Sie sie „liken“ und kommentieren. Sie können keine Fotos von der Desktop-Version auf Instagram hochladen.

Das wäre alles bezüglich der allgemeinen Nutzung von Instagram.

Instagram für Ihr Unternehmen

Die Verwendung von Instagram für kleine Unternehmen ist eine leistungsstarke (und kostengünstige) Möglichkeit, um Ihr Unternehmen zu erweitern.

Mit Instagram können Sie neue Kunden erreichen, mit Ihren bestehenden Kunden in Verbindung bleiben und sogar direkt über die App Verkäufe tätigen. Dies macht sie zur perfekten Plattform für die Vermarktung Ihres kleinen Unternehmens.

Wenn Sie Ihre Instagram-Zielgruppe erfolgreich erreichen und eine Strategie entwickeln können, die sowohl künstlerisch als auch taktisch ist, werden Sie schnell ein Wachstum Ihres Instagram-Kontos und des Umsatzes Ihres Unternehmens feststellen.

Die Balance zwischen Kunst und Strategie zu finden, ist jedoch oft schwierig, vor allem, wenn Sie gerade mit Instagram-Marketing beginnen.

Um Ihnen dabei zu helfen, haben wir die richtigen Tipps. Bevor wir aber damit starten und Ihnen die Geheimnisse verraten, müssen wir zuerst die Grundlagen kennen.

Ein Geschäftskonto einrichten

Um auf Instagram mit dem Marketing zu beginnen, müssen Sie zunächst ein Geschäftskonto einrichten. Nehmen Sie sich etwas Zeit und nutzen Sie Instagram selbst, bevor Sie es zu stark für Ihr Unternehmen nutzen (wenn Sie nicht jemand sind, der es persönlich verwendet).

Optimieren Sie Ihr Instagram Geschäftskonto

Stellen Sie anschließend sicher, dass Ihr Profil vollständig optimiert ist. Das heisst:
Eine fesselnde Biografie schreiben. Sie haben 150 Zeichen, um zusammenzufassen, worum es in Ihrem Unternehmen geht.

Verwenden Sie ein erkennbares Profilbild. Ihr Logo ist normalerweise eine gute Wahl.
Wählen Sie einen guten Profillink. Auf Instagram sind Links nur in Profilen (und nicht in Posts) zulässig. Zwei Optionen sind die Homepage Ihrer Marke oder ein Link zu einer neuen Seite oder einem von Ihnen beworbenen Inhalt.

Finden Sie Influencers in Ihrer Nische und folgen Sie ihnen

Beim ersten Start müssen Sie Konten auswählen, denen Sie folgen möchten. Hier sind einige Arten von Konten, über die Sie nachdenken sollten:

- Ihre Partnermarken. Unternehmen, mit denen Sie zusammenarbeiten, sind ein guter Anfang.

- Influencer in Ihrer Nische. Dies sind Personen und Marken, denen Ihr Publikum folgt. Suchen Sie zunächst einige Schlüsselwörter nach Konten, die sich auf Ihre Marke oder Ihr Produkt beziehen.

- Marken, von denen Sie begeistert sind. Dies hilft Ihnen, Ideen für Ihre eigenen Posts und Kampagnen zu erhalten.

- Ihre Konkurrenten. Beachten Sie dabei, welche Art von Inhalt für sie geeignet ist, und erfahren Sie, was Ihre Konkurrenten tun. Stellen Sie sich diese Fragen:

Was zieht Sie zu deren Instagram-Posts?
Wie oft veröffentlichen sie?
Was mögen Sie nicht an ihren Beiträgen?
Welche Art von Informationen enthalten sie in ihrem Profil?
Gibt es ein einheitliches Thema?

Legen Sie Ihre Instagram-Marketing-Geschäftsziele fest

Sobald Sie etwas Forschung und Inspiration gespeichert haben, ist es Zeit, über Ihr Unternehmen nachzudenken! Was sind Ihre Ziele als Unternehmen? Hier sind einige Instagram-Ziele, auf die Sie sich konzentrieren möchten:

- Steigern Sie die Anzahl Ihrer Follower
- Wachsende Markenbekanntheit
- Größeres Engagement

Was auch immer Ihr Ziel sein mag, stellen Sie sicher, dass es klar und präzise ist, sodass Sie während des gesamten Instagram-Prozesses immer darauf verweisen können.

Wenn es um Ihre Ziele geht, möchten Sie auch sicherstellen, dass Sie SMART-Ziele verwenden. Ist Ihr Ziel spezifisch, messbar, erreichbar, relevant und zeitbasiert? Verwenden Sie die SMART-Ziele, um Ihr Ziel in seine einfachste und effektivste Form zu bringen.

Was sind intelligente Ziele?

Ein großes Ziel wäre zum Beispiel:

"Wir wollen im Laufe des nächsten Monats unser Follow-up um 20% steigern."

Dieses Ziel ist spezifisch in der zu verfolgenden Metrik, gibt das gewünschte Ergebnis an und hat eine klare Frist für dieses Ergebnis.

So sollten Sie sich auf diese Ziele konzentrieren und Maßnahmen ergreifen, um diese mit der Zeit zu erreichen.

Zunächst werden wir uns in diesem Buch auf das erste und oft wichtigste Ziel konzentrieren und dass wäre: **Die Anzahl der Follower steigern**.

Wie man eine richtige Fanbase aufbaut - 25.000 Follower in nur 3 Monaten

Bevor wir beginnen, ist es an der Zeit für einen schnellen Reality-Check: Eine Strategie mit der Sie über Nacht auf 1k-, 10k- oder 20k-Follower steigen, gibt es nicht. Wenn es darum geht, Follower auf Instagram zu finden, ist Timing alles. Ja, es gibt eine Reihe von Aktivitäten, mit denen Sie die Follower-Zahl steigern können, aber es ist besser, es langsam anzugehen, damit man wirklich gute Ergebnisse bekommt.

Zum Beispiel hat es keinen Sinn, einen „Shout-Out" für 100€ von einem großen Influencer zu kaufen, während Sie 10 Follower haben. Ja, Sie könnten einige Anhänger davon bekommen, aber der Preis pro Anhänger wäre unangemessen hoch. Es wäre viel effektiver, wenn Sie bereits eine starke Identität festgestellt und auf Instagram verfolgt haben und den Schneeballeffekt beschleunigen möchten.

Schritt 1: Von 0 auf 100 Instagram-Follower wachsen

Okay, Sie haben jetzt ein brandneues Konto und müssen diesen ersten Impuls aufbauen und Anhänger auf Instagram finden.

Wenn Sie bereits ein Unternehmen oder eine Marke mit einer etwas etablierten Community haben, sollte es nicht gerade eine große Herausforderung sein, die erste Anlaufstelle zu finden. Versenden Sie einen Newsletter an Ihre bestehenden Kunden und laden Sie sie ein, Sie auf Instagram zu verfolgen.

Denken Sie daran, wenn Sie möchten, dass die Menschen etwas tun, müssen Sie ihnen einen Anreiz geben. In diesem Fall könnte ein Rabatt für Ihre Produkte auf die ersten 100 Follower gut funktionieren. Wenn Sie eine ausreichend große E-Mail-Liste haben, können Sie das Angebot so aufteilen, dass zuerst die 100 Follower 30%, die nächsten 100 20% und so weiter erhalten. Bevor Sie die E-Mail versenden, müssen Sie jedoch bereits einige interessante Beiträge bereitstellen, damit sie eine Vorstellung von Ihrer Marke erhalten.

Wenn Sie noch keine Kunden- / Follower-Community haben, können Sie sich an Ihre Freunde, Familie oder Kollegen wenden und sie bitten, Ihnen zu folgen. Sie können eine anfängliche Follower-Basis auch ohne Veröffentlichung von Inhalten ganz leicht erhalten. Wenn Sie über eine Markenwebsite verfügen, können Sie alle Website-Besucher erfassen, indem Sie einen Instagram-Folgeschaltfläche hinzufügen. So können Sie sicher sein, dass Ihr Publikum weiß, wo Sie auf Social Media zu finden sind!

Nachdem Sie diesen ersten Schritt abgeschlossen haben, ist es an der Zeit, eine Strategie zu wählen, um Follower auf Instagram zu erreichen und diese Basis auf mindestens 100 Follower zu erhöhen.

Schritt 2: "Einen Anreiz geben ..."

Dies ist am besten, wenn Sie in Kürze eine Ankündigung haben - eine neue Website, ein Produkt, ein Werbegeschenk usw.

Erstellen Sie ein attraktives Profilbild und ein ansprechendes und witziges Bio - scheuen Sie sich nicht,

Emojis dort hinein zu werfen. Wenn Sie einen Link zu Ihrer Homepage, E-Mail-Abonnementseite oder buchstäblich zu einem anderen Markenlink haben, der möglicherweise die Beziehung zu Ihren Followern verlängert, fügen Sie dies auf jeden Fall hinzu!

Selbst wenn Sie Ihre Website noch nicht ordnungsgemäß gestartet haben, erhöht dies die Glaubwürdigkeit Ihrer Marke. Sie zeigt Ihrem Publikum, dass Sie es mit Ihrer Marke wirklich ernst meinen.

Achten Sie beim Schreiben einer Instagram-Biografie darauf, sehr genau zu sagen, worum es in Ihrem Konto geht. Wenn Sie planen, ein E-Commerce-Unternehmen zu gründen, dann sagen Sie es. Wenn Sie kostenlose Marketingempfehlungen vergeben, teilen Sie ihnen dies mit. Vielleicht starten Sie ein Werbegeschenk für die ersten 100 Follower? Sie sollten davon wissen. Geben Sie den Menschen einen Anreiz, Ihnen zu folgen.

Wenn Sie einen Schritt weiter gehen möchten (und Sie sollten es immer tun), veröffentlichen Sie mindestens einen Post, der schön aussieht und Ihre Markenbotschaft vermittelt. Dies hilft Ihnen dabei, Follower auf Instagram zu finden, da potenzielle Follower wissen, worum es geht, welche Art von Posts sie von Ihnen erwarten können, und sie werden von Ihrer neuen Marke begeistert.

Wenn Sie Ihr Konto eingerichtet haben, können Sie leider keine Anhänger auf Instagram finden. Suchen Sie nach Konten, die sich in Ihrer Nische oder in einer Nische befinden, die Ihrer ähnelt, und bereits über eine beträchtliche Anhängerschaft verfügen (aber nicht Konten die mehr als 10.000 Follower haben). Sobald Sie diese Konten identifiziert haben, folgen Sie mindestens 10 dieser Konten und stellen Sie sicher, dass sie auch etwa 50 ihrer Anhänger folgen.

Hier ist das Wichtigste - stellen Sie sicher, dass Sie regelmäßig mit den Konten interagieren, die Sie regelmäßig verfolgen! Wie ihre neuesten Posts, kommentieren Sie sie, antworten Sie auf ihre Instagram-Geschichten und / oder schreiben Sie ihnen eine direkte Nachricht, in der Sie sich in einem Satz vorstellen und erwähnen, dass Sie einen neuen Account eröffnet haben und es wäre Ihnen eine Ehre, wenn sie Sie folgen würden oder Ihr Profil auschecken.

Der persönliche Ansatz der Direktnachricht in Kombination mit regelmäßigem Engagement wird zunehmen. Dies ist eine gute Taktik, um Follower auf Instagram zu finden - insbesondere, wenn Sie keinen Account ausgewählt haben, der zu groß ist und Ihre Nachricht tatsächlich sehen wird. Sie sollten dies alles auch in späteren Phasen tun, aber es ist besonders wichtig, wenn Sie noch ein neues Konto haben.

Schritt 3: "Ein aufgehender Stern"

Alles, was wir in Strategie 1 besprochen haben, ist immer noch nützlich. Sie sollten an Ihrer Biobeschreibung arbeiten, erklären, wer Sie sind und worum es in Ihrem Konto geht, sich mit anderen Konten in Ihrer Nische in Verbindung setzen und mit ihren Followern Kontakt aufnehmen.

Hier ist die große Frage:

Wie viele Posts sollten Sie veröffentlicht haben, bevor Sie ernsthaft mit Instagram Kontakt aufnehmen? Mindestens 9-12 Beiträge sind ein guter Ausgangspunkt. Dies bedeutet, wenn jemand in Ihrem Profil landet, ist der Inhalt ausreichend, um Sie und / oder Ihre Marke darzustellen. Denken Sie daran, dass sich Ihre Beiträge ergänzen sollten, um ein zusammenhängendes Raster zu schaffen und Ästhetik zu erzeugen.

Ein gutes Layout für Ihre Bilder ist wirklich wichtig. Ja, jedes einzelne Bild ist für die Einbindung Ihrer bestehenden Instagram-Follower geeignet, die die Posts in ihrem Feed anzeigen. Das Gesamtraster-Aussehen ist jedoch eines der wichtigsten (wenn nicht das wichtigste) Element, um Ihnen dabei zu helfen, Follower auf Instagram zu finden. Es zeigt, dass Sie Ihre Marke ernst nehmen und sie wissen lassen, dass sie gleich bleibende Qualitätsinhalte erwarten kann.

Fügen Sie in jedem Beitrag eine Vielzahl (30 pro Beitrag) verschiedener Hashtags hinzu, um Ihre ursprünglichen Beiträge für potenzielle Follower besser erkennbar zu machen. Es ist wichtig, von Anfang an ein gutes Engagement für Ihre Beiträge zu zeigen. Wählen Sie Hashtags, die sehr wenig Post Shares (vielleicht 1k-20k) haben, als auch sehr beliebte (10mil +). Die Chancen stehen gut, dass Sie Instagram-Follower allein durch diese Aktivität bekommen! Das Wichtigste, das Sie beachten sollten, ist, dass Ihre Hashtags für den Inhalt Ihres Posts relevant sind.

Schritt 4: Auf 1.000 Instagram-Follower wachsen

Sobald Sie diese anfängliche Haltung erreicht haben, wird die folgende Strategie wirklich einen zusätzlichen Schub geben, um Anhänger auf Instagram zu finden. Folgendes tun Sie:

Identifizieren Sie einige der größeren Kunden (über 50.000 Follower), die denen Ihres Unternehmens ähneln oder in derselben Branche mit derselben Zielgruppe, die Sie erreichen möchten, gehören.

Überprüfen Sie, ob ihre Anhänger echt sind (einige großartige Werkzeuge dafür: Fameaudit, SocialAuditPro)

Wenn die Mehrheit ihrer Follower echt ist, öffnen Sie ihre Follower-Liste und beginnen Sie, diesen Konten zu folgen.

Beginnen Sie zu prüfen, wer Sie nicht verfolgt, und entfernen Sie diese Konten von Ihrer Liste. Für genau diesen Zweck gibt es eine Vielzahl von Apps für Android und iOS.

Im Idealfall sollten mindestens 20% der Personen, denen Sie gefolgt sind, Ihnen folgen. Je mehr Follower Sie haben, desto "gesünder" ist Ihr Follower-Verhältnis, desto attraktiver wirkt Ihr Feed und desto höher wird der Follow-Back-Prozentsatz sein.

- Die Leute neigen eher dazu, Instagram-Konten zu folgen, die:
- Echt wirken
- Die Follower-Anzahl größer ist als die Anzahl der Konten die das Profil verfolgt.
- Viele Anhänger haben

- Einen schön gestalteten Feed von Beiträgen haben

Zusätzlich zur Follow / Unfollow-Strategie sollten Sie mit diesen größeren Konten interagieren (sofern sie keine direkten Konkurrenten sind).

Aktivieren Sie zunächst Postbenachrichtigungen für diese Konten. Jedes Mal wenn sie posten hinterlassen Sie einen Kommentar. Vermeiden Sie Kommentare wie, „Wow", "Wunderschön", "Awesome post" usw. Dies sind Kommentare die oft von „Fake Profilen“ hinterlassen werden. Sie sind sehr leicht zu erkennen und die meisten Instagram-Nutzer wissen, dass sie nicht echt sind. Je menschlicher Sie sind, desto besser! Stellen Sie konkrete Fragen oder fügen Sie Ihre eigene Meinung hinzu. Dies wird anderen Instagram-Nutzern in Ihrer Community zeigen, dass Sie wirklich interessiert sind.

Wenn Sie die Marke von 1000 Followern erreichen, ist es eine gute Idee, über die Planung Ihrer Instagram-Posts nachzudenken. So haben Sie mehr Zeit, um Inhalte zu erstellen, mit Ihrem Publikum zu interagieren und Follower auf Instagram zu finden.

Schritt 5: Auf 5.000 Instagram-Follower wachsen

Jetzt, da Sie eine gute Grundlage für Wachstum haben, ist es an der Zeit, alles zu beschleunigen. Wir sagen nicht, dass Sie damit aufhören sollten, was Sie zuvor getan haben. Diese Methoden sind großartig, auch wenn Sie die Marke von 20.000 Nachfolgern überschritten haben. Das Hinzufügen weiterer Methoden ab diesem Punkt kann jedoch zu gleichen Ergebnissen führen, wenn nicht mit weniger Aufwand bessere Ergebnisse erzielt werden.

Zunächst sollten Sie mit der Verwendung von Engagement-Gruppen beginnen. Gruppengespräche innerhalb von Instagram sind großartig, weil jeder, der in dieser Gruppe teilnimmt, bereit ist, die Beiträge anderer Mitglieder zu mögen und / oder zu kommentieren, und zwar im Austausch für ihre eigenen Beiträge, die gemocht und / oder kommentiert werden.

Zweitens sollten Sie in Anzeigen investieren. Wenn Sie eine Marke aufbauen (und nicht nur Bilder Ihrer Katze veröffentlichen), werden Instagram-Anzeigen an diesem Punkt sehr nützlich sein.

Drittens, beginnen Sie auf jeden Fall mit der Planung Ihrer Instagram-Posts. Sobald Sie diese Stufe erreicht haben, zählt jede Minute, die Sie in Instagram investieren.

Um Anzeigen auf Instagram zu schalten, müssen Sie zu einem Geschäftskonto wechseln.

Sie können für Ihre bestehenden Posts werben oder Ihr Konto mit Facebook verknüpfen und eine Anzeige über den Facebook Ads Manager-Bereich erstellen. Probieren Sie verschiedene Ausrichtungsoptionen aus und sehen Sie, welche das Engagement erhöht.

Nutzen Sie Influencer. Sie können den Influencer schreiben und Kontakt aufnehmen. Warum sind Influencer wichtig? Wenn Sie Ihre Benachrichtigungen auf Instagram anzeigen, wird eine „Following“ Registerkarte angezeigt. Dort werden die Leute ausspionieren, was ihre Freunde auf Instagram machen - welche Fotos sie mögen, welche Konten sie begonnen haben zu folgen, welche Kommentare sie hinterlassen haben usw. Wenn Sie sie noch nie verwendet haben, sollten Sie damit beginnen.

Wenn diese Influencer-Accounts Ihre Beiträge mögen und kommentieren, ist es sehr wahrscheinlich, dass ihre Follower dies sehen werden. Es ist eine großartige Möglichkeit, um Ihnen zu helfen, Anhänger auf Instagram zu finden, denn natürlich möchten die Leute wissen, was ihre Freunde und Idole ausmachen, also gehen sie und schauen es sich an. Sie werden dann wahrscheinlich auch Ihnen folgen.

Schritt 6: Auf 10.000 Instagram-Follower wachsen

Die Marke von 10.000 Followern auf Instagram zu treffen, ist magisch.

Diese Anzahl ist so groß, dass sie nicht in den dedizierten Bereich passt, und auf 10k verkürzt wird.

Zusätzlich erhalten Sie den großen Vorteil, dass Sie Links zu Ihren Instagram-Geschichten hinzufügen können. Dies eröffnet Ihnen eine großartige Gelegenheit, Ihr Instagram-Konto zu monetarisieren.

Machen Sie alles weiter, was Sie es bisher getan haben, um Anhänger auf Instagram zu erhalten. Wenn etwas so aussieht, als würde es keine Erträge bringen, dann hören Sie auf, es zu tun, und konzentrieren Sie sich auf die Dinge, die die meisten Auswirkungen haben! Sie sollten Ihre Instagram-Marketingstrategie in jeder Phase überdenken, um sicherzustellen, dass Sie auf Kurs bleiben!

Nun, da Sie eine recht nette Anhängerbasis haben, sollten Sie sich überlegen, wie sie Ihnen bei der Beförderung helfen können:

Markiere einen Freund

Eine der besten Möglichkeiten, die Leute für Ihre Inhalte zu werben, besteht darin, sie einfach zu bitten, ihre Freunde zu „taggen“ (markieren). Dies kann eigentlich mit jedem Beitrag erledigt werden, den Sie erstellen. Es funktioniert gut mit emotional kraftvollen Inhalten - Zitate, witzigen und / oder inspirierenden Videos, Beiträgen zu Tieren usw. In Ihrer Bildunterschrift können Sie etwas wie "Tag a Friend" (Markiere einen Freund), hinzufügen.

Der Inhalt muss aber wirklich gut sein. Das ist der Schlüssel hier. Wenn es sich nicht emotional bewegt, werden die Leute wahrscheinlich keine anderen markieren!

Veranstalten Sie ein Giveaway

Bieten Sie einen Preis an, den Ihre Anhänger nicht ablehnen können! Es kann sich um Bücher, Gadgets, Hüte, Hemden, Amazon-Geschenkkarten, ein von Ihnen verkauftes Produkt usw. handeln. Machen Sie einen

Instagram-Wettbewerb und stellen Sie vorher die „Regeln“ für die Teilnahme fest. Es kann sein, dass die Anhänger den Post liken, teilen und einen Freund im Kommentar markieren sollen. Und natürlich, dass man Ihnen folgen muss, um eine Chance für den Preis zu haben.

Schritt 7: Auf 20.000 Instagram-Follower und darüber hinaus wachsen

Wie schon bei den vorherigen Meilensteinen kann alles, was wir zuvor beschrieben haben, sicherlich dazu verwendet werden, um Ihr Konto zu vergrößern und Ihnen zu helfen, Follower auf Instagram zu finden.

Ein Instagram Konto über 10.000 zu haben ist toll. Es schafft Glaubwürdigkeit und Sie sind definitiv kein weiteres zufälliges Konto da draußen.

Sie sollten jedoch darüber nachdenken, ob Sie eine Stimme außerhalb von Instagram erstellen möchten. Mit mehr als 10.000 Followern ergeben sich Möglichkeiten für die Monetarisierung. Sie sollten diese nutzen und sich darauf konzentrieren, Ihre gesamte Online-Präsenz aufzubauen und nicht nur einen Instagram-Account.

Denken Sie an Ihr Instagram als Unternehmen. Welches Problem lösen Sie? Welchen Wert liefern Sie? Was bekommen Ihre Anhänger von Ihren Beiträgen?

Wenn Sie diese Dinge identifiziert haben, suchen Sie, wo sich Ihre potenzielle Zielgruppe befindet, und beginnen Sie mit der Wertschöpfung.

Hier sind einige Ideen, was zu tun ist:

- Beantworten Sie relevante YouTube-Kommentare
- Helfen Sie Menschen in relevanten Reddit-Subreddits
- Beantworten Sie relevante Quora-Fragen
- Sprechen Sie mit Menschen über relevante Facebook-Gruppen
- Veröffentlichen Sie Inhalte in relevanten Foren
- Schreiben Sie Artikel für Blogs, denen Ihre Zielgruppe folgen könnte

Dies sind nur einige Beispiele dafür, wie Sie die Besucherzahlen auf Ihrem Profil erhöhen und daran arbeiten könnten, Follower auf Instagram zu finden. Hängen Sie niemals von einer einzigen Einkommensquelle ab. Warum sollten Sie sich nur auf den Instagram-Ranking-Algorithmus verlassen, um

Anhänger auf Instagram zu erhalten?

Das mag auf den ersten Blick viel Arbeit sein. Aber sobald Sie den Dreh raus haben, wird es relativ einfach.

Noch eine letzte Methode für mehr Follower ist: Shoutouts.

Sie können sich auf verschiedene Wege einigen, um die Shouts zu machen. Zum Beispiel können sie normale Beiträge, Video-Post-Shoutouts oder Shoutouts in Geschichten sein.

Wenn Sie eine enge Beziehung zu jemandem aufgebaut haben und deren Inhalte mit Ihnen in Resonanz stehen, wirkt sich dies auch für Ihre Anhänger organischer aus. Sie können versuchen, eine Art Vereinbarung zu machen, aber die meiste Zeit müssen Sie für Shoutouts bezahlen. Sprechen Sie mit verschiedenen Konten, um sich ein Bild zu machen, wie viel sie wert sind. Ein Shoutout von einem Konto mit 100.000 Followern kostet Sie etwa 50 €. Die Anzahl der neuen Follower, die Sie von einem Shoutout erhalten, hängt auch von Ihrem Inhalt, Ihrer Biografie, der Anzahl der Follower, dem Verhältnis von Followern zu Followern usw. ab

Zum Schluss möchten wir Ihnen noch sagen, dass Sie auf keinen Fall Instagram Follower kaufen sollten.

Sie haben wahrscheinlich alle diese Arten von Anzeigen gesehen: „Kaufen Sie 500 Follower für 4€ / 100% echte Instagram-Follower. Wenn Sie ein Unternehmen haben, oder jemand sind, der schnell zu einem Influencer werden möchte, können diese Anzeigen so verlockend wirken. Aber geben Sie nicht auf. Es gibt gute Gründe, warum Sie keine Instagram-Follower kaufen sollten.

Lassen Sie sich auch nicht durch die Anzeigen in Versuchung führen, Ihre Instagram-Likes zu kaufen. Sie bieten ebenfalls wenig langfristigen Nutzen und können dem Ansehen Ihres Kontos schaden.

Warum Sie **KEINE** Instagram-Follower kaufen sollten:

1. Fake Instagram-Follower engagieren nicht auf Ihrem Konto
2. Ihr Engagement stimmt nicht mit echten Konten überein
3. Möglicherweise bekommen Sie unangemessene Bot-Kommentare auf Ihre Beiträge
4. Gekaufte Follower bringen Spam mit
5. Instagram erkennt und entfernt Fake-Anhänger

6. Der Kauf gefälschter Follower verstößt gegen die Nutzungsbedingungen von Instagram
7. Fake Follower zu haben zerstört Ihre Glaubwürdigkeit als Influencer
8. Sie verdienen kein Geld mit Fake-Followern

So sollten Sie sich lieber davon fern halten und die natürlichen Wäge nutzen, um wahre und loyale Follower zu gewinnen.

Die perfekte Marketing-Strategie

Die perfekte Marketing-Strategie für Instagram besteht aus mehreren Teilen. Sie können aber keinen Teil auslassen, wenn Sie wahren Erfolg haben möchten. Schauen Sie sich also die folgenden Schritte an, um diese dann selbst anwenden zu können.

Teil 1: Das Thema

Sie möchten, dass Ihr Instagram-Konto wie eine Lieblings-TV-Show oder einen Lieblingssender ist. Ihre Anhänger werden es genießen, weil es ihnen ständig etwas gibt, das ihnen gefällt und von dem sie abhängig sind (ob Produkte, Zitate, Videos, Bilder usw.).

Ein großer Teil der Zuneigung, die sie für Ihre Marke entwickeln, wird durch Vertrautheit und Geborgenheit hervorgerufen, und Sie können dies durch ein kohärentes Thema verstärken. Die Leute blättern schnell durch Instagram, und Sie möchten, dass Ihre Inhalte sofort erkennbar sind.

Denken Sie an all das visuelle Material, das Sie für Ihr Unternehmen erstellen: Produktkataloge, Anzeigen und sogar Menüs für Restaurants. Sie verbringen viel Zeit mit dem Design und der Ästhetik der visuellen Assets Ihres Unternehmens, und Sie sollten dasselbe für Ihren Instagram-Account tun, aus demselben Grund - weil er Anhänger anzieht und sie in Kunden umwandelt.

Es ist auch wichtig, ein konsistentes Thema zu erstellen, damit die Leute verstehen, worum es geht. Ihr visuelles Thema spricht genauso laut wie Ihre Instagram-Biografie und individuelle Bildunterschriften. Mehr noch, eigentlich, da viele Leute ohne Lesen blättern.

Fragen Sie sich also: Was ist Ihre Stimme? Und wie übersetzt es sich in Bilder?

Beginnen Sie mit der Definition Ihrer Markenästhetik anhand von Persönlichkeitsmerkmalen. Versuchen Sie, die Persönlichkeitsmerkmale Ihrer Marke in Farben, Fotostile und Schriftarten umzuwandeln. Hier gibt es keine falsche Antwort. Entscheiden Sie, was sich richtig anfühlt und seien Sie konsequent.

Wenn Sie Probleme haben, ein Thema zu erstellen, kehren Sie zu Ihrer Marke zurück, um Inspiration zu erhalten. Schauen Sie sich die oben erwähnten visuellen Elemente an. Was ist die Atmosphäre, die Sie von diesen Bildern bekommen? Verwenden Sie eine bestimmte

Farbpalette, einen bestimmten Filter, einen Rand oder einen Rahmen? Stellt Ihre Marke eine helle oder dunkle Stimmung? Bemerken Sie wiederkehrende Muster, Winkel oder Fotokompositionen?

Und natürlich lassen Sie sich, ohne zu stehlen, von anderen Konten und sogar von Konten der Mitbewerber, die Ihnen gefallen inspirieren.

Ihre Instagram-Ästhetik sollte eine Erweiterung Ihrer Gesamtmarke sein. Wenn Personen Ihre Instagram-Seite besuchen, sollten sie in der Lage sein, zu erfahren, worum es Ihnen geht, und welche Fotos in angezeigt werden, wenn sie folgen. Sie möchten die Marke nicht beschädigen oder Verwirrung verursachen.

Teil 2: Interessante und relevante Inhalte

Jetzt, da Sie ein Konto eingerichtet haben, kennen Sie Ihren Instagram-Stil und wissen, mit wem Sie sich unterhalten, es ist an der Zeit, erstaunliche Inhalte zu erstellen, die die Leute dazu bringen werden, zu bleiben.

Wenn Ihre Inhalte für wertvoll, unterhaltsam und / oder pädagogisch gehalten werden, werden sie Ihnen für immer folgen. Wenn nicht, gibt es eine Million andere Konten, die ihre begrenzte Aufmerksamkeit verdienen.

Ab hier konzentrieren sich alle Tipps und Tricks auf das Erstellen und Freigeben von soliden Inhalten.

Arten der Einbindung von Instagram-Inhalten
Sehen wir uns einige beliebte Optionen an.

Die Veröffentlichung von **Bildern mit Zitaten** ist eine hervorragende Möglichkeit, mit Ihrer Zielgruppe in Verbindung zu treten, unabhängig von Ihrer Nische oder Branche, weshalb sie sehr beliebt ist. Man gibt so dem Publikum Motivation und Inspiration.

Personenfotos und Selfies sind eine großartige Möglichkeit, Ihre Unternehmenskultur und die Art von Erlebnissen, die Ihre Kunden wünschen, zu teilen. Unabhängig von Ihrem Geschäftszweig wird der Einbezug von Menschen in Ihre Instagram-Fotos Ihr Publikum auf eine neue Art und Weise einbinden. Stellen Sie nur sicher, dass Sie kreativ sind.

Instagram-**Bilder der Natur** sind ein Erfolg, und einige der beliebtesten Konten sind darauf spezialisiert. Wie inspirierende Zitate hat jeder eine Vorliebe für landschaftliche Fotos. Auch wenn Ihr Unternehmen nicht auf die Natur ausgerichtet ist, können Sie Ihr Publikum dennoch mit einem wunderschönen Landschaftsfoto begeistern.

Nutzen Sie Instagram, um transparent zu sein und geben Sie einen **Einblick in das Geschehen** in Ihrem Unternehmen. Stellen Sie sicher, dass Sie Spaß daran haben, denn Sie möchten zeigen, dass Ihr Team die Art von Leuten ist, mit denen Ihre Anhänger sich treffen möchten. Denken Sie daran, dass Menschen mit Menschen Geschäfte machen wollen, nicht mit Marken. Hinter den Kulissen können Fotos für Unternehmen von großer Bedeutung sein, da sie das Publikum daran erinnern, dass tatsächlich Menschen hinter diesen ausgefallenen Logos und erstaunlichen Produkten arbeiten.

Benutzergenerierte Inhalte werden von anderen Instagram-Nutzern kuratiert und erneut bereitgestellt, wobei in der Regel Ihre Produkte oder Ihre Marke in irgendeiner Form angezeigt werden. Das Ziel ist es, Ihre Marke in einer realen Umgebung zu präsentieren und sie mit einem Kundenbericht auf Ihrem eigenen Konto zu verknüpfen.

Wenn Sie sich für diese Route entscheiden, empfiehlt es sich, kuratierte Bilder und Videos in etwa 50% der Zeit zu veröffentlichen.

Video

Das erstmals im Jahr 2013 vorgestellte Video ist auf Instagram sehr beliebt. Zum jetzigen Zeitpunkt können Sie Videos mit einer Dauer zwischen 3 und 60 Sekunden veröffentlichen. Videos können für Produktvorführungen nützlich sein, Erfahrungsberichte von Kunden veröffentlichen oder Ihr Unternehmen auf eine neue Art präsentieren.

Videos sind auch sehr beliebt. Das Ziel Ihres Instagram-Kontos sollte darin bestehen, Wert zu schaffen und mit Ihrer Zielgruppe in Kontakt zu treten und nicht dauerhaft an sie zu verkaufen. Wenn Sie Videos veröffentlichen, stellen Sie sicher, dass Sie dies auf eine Art und Weise tun, die Ihrem Design und Ihrer Ästhetik Ihres Kontos entspricht, oder auf eine Weise, die das Produkt selbst herunterspielt.

Instagram Stories wurden 2016 eingeführt und sind ein Schritt nach oben in Ihrem Feed. Diese kurzen, verschwindenden Videoclips sind unvollständig und flüchtig und können sich für das Publikum als eine sehr reale Interaktion anfühlen. Instagram Stories humanisieren Ihre Marke, was in einer Welt wichtig ist, in der Menschen es bevorzugen, von einer Marke zu kaufen, der sie vertrauen und mit der sie sich verbunden fühlen. Neben der Steigerung der Besucherzahlen und der Steigerung der Bekanntheit trägt das Posten in Ihrer Instagram Story dazu bei, die Persönlichkeit und den Charakter Ihrer Marke zu stärken.

Welche Inhalte sollten Sie veröffentlichen?

Die Art von Instagram-Inhalten, die Sie veröffentlichen sollten, ist eine Frage, die nur Sie beantworten können, und Sie werden sie wahrscheinlich nicht sofort beantworten. Nach einigen Recherchen und Tests finden Sie jedoch ein Thema und einen Inhaltstyp, der am besten zu Ihrer Marke und Ihrem Zeitplan passt.

Verstehen Sie Ihre Nische

Was veröffentlichen sie? Welche Themen sehen Sie und welche sind die beliebtesten Beiträge? Fragen Sie sich, wie Sie Ihren Inhalt besser machen können als Ihre Konkurrenten. Was fehlt ihnen, was Sie anbieten können?

Wenn Sie diesen Schritt abschließen, sollten Sie in der Lage sein, die Frage zu beantworten: Welche Art von Inhalt ist für mein Publikum, meine Branche und meine Nische sinnvoll?

Identifizieren Sie Ihre Themen

Lassen Sie uns das allgemeine Verständnis Ihrer Nische in Themen umwandeln, um die Sie echten Inhalt erstellen können. Was meinen wir mit Themen? Überlegen Sie, welche Kategorien Sie zum Organisieren Ihres Blog-Inhalts verwenden könnten. Welche Arten von Inhalten möchte Ihr Publikum lesen oder sehen?

Ihre Marke kann viele oder nur wenige Themen haben. Nehmen Sie sich eine Sekunde und schreiben Sie Ihre Themen auf, bevor Sie fortfahren.

Brechen Sie die Themen zusammen

Lassen Sie uns nun die Schlüsselthemen Ihrer Marke in kleinere Themen aufteilen. Dieser Schritt hilft Ihnen dabei, echte, umsetzbare Inhaltsideen zu entwickeln. Kein Thema oder Idee ist zu klein.

Wir haben nur ein paar Ideen für jedes Thema illustriert, aber es ist klar, wie tief Sie beim Brainstorming gehen können. Keine Idee ist zu klein oder dumm; Denken Sie daran, dass Sie nicht genau wissen, wonach Ihre Zielgruppe sucht, bevor Sie mit dem Posten und dem Testen des Engagements beginnen.

Wenn Sie mit dem Posten auf Instagram beginnen, möchten Sie weit vorausplanen, damit Sie mit Ihrem Inhalt konsistent bleiben. Daher ist es am besten, in diesem Schritt so viele Ideen wie möglich zu entwickeln. Ihr zukünftiges Selbst wird es Ihnen danken.

Bilder suchen

Einige Marken haben Probleme mit Instagram, da sie zwar über Dinge verfügen, die sie über ihr Unternehmen kommunizieren möchten, sich aber nicht sicher sind, wie sie es darstellen sollen. Zugegebenermaßen enthalten nicht alle inhaltlichen Ideen klare Bildideen. Daher hilft Ihnen dieser Schritt bei der Planung einer visuellen Darstellung für jede Themenidee.

Wenn Sie sich für Ihren Inhaltstyp und Ihre Strategie entschieden haben, gehen Sie nicht weit von diesem Thema. Konsistenz ist das, was die Menschen zu jeder Marke oder jedem Geschäft zurückbringt.

Bildunterschriften, die konvertiert werden

Die meisten Leute denken, dass Sie alles, was Sie tun müssen, ist, großartige Bilder für Ihr Instagram-Publikum zu erstellen, und die Arbeit ist erledigt. Meistens haben sie recht - wenn sie nur nach

Markenbekanntheit suchen.

Obwohl eine große Fangemeinde beeindruckend ist, bedeutet dies letztlich nichts, wenn Sie nichts damit anfangen.

Während Ihr visueller Inhalt entscheidend ist, um Ihr Publikum anzuziehen und zu unterhalten, sind Ihre Bildunterschriften der Schlüssel zum Engagement und schließlich zur Conversion.

In diesem Fall kann sich die Konvertierung auf einen Folgetext, einen Bio-Link-Klick, einen E-Mail-Eintrag oder sogar einen Kauf beziehen. Unabhängig davon, was Sie mit Ihrem Instagram-Content erreichen möchten, muss jede Bildunterschrift in irgendeiner Weise beteiligt sein.

Ihre Bildunterschriften sind unglaublich wichtig, weil sie dabei helfen, jedes Bild zu rahmen und Ihrem Publikum einen Kontext zu bieten.

Lernen Sie, Hashtags zu lieben

Für Neuankömmlinge ist ein Hashtag einfach Text, der auf ein Rundenzeichen folgt und als Hyperlink zu anderen ähnlichen Beiträgen mit demselben Tag dient.

Sie sind eine der wichtigsten Methoden, mit denen Benutzer neue Konten und Inhalte auf der Plattform entdecken können.

Sie sollten in jeder Bildunterschrift Hashtags verwenden. Aber stopfe nicht zu viele in die Bildunterschrift. Hervorragende Bildunterschriften sind überzeugend und lesbar, und zu viele Hashtags können Benutzer abweisen. Fügen Sie Ihre Branded-Hashtags und vielleicht ein paar weitere in die Bildunterschrift ein, fügen Sie jedoch die Mehrheit (30 ist das Maximum) als ersten Kommentar zum Beitrag hinzu.

Branded Hashtags sind benutzerdefinierte, markenspezifische Tags, die eine Community rund um Ihre Marke pflegen und dabei helfen, alle von Ihren Benutzern und Kunden geposteten Inhalte zu sammeln. Mit Marken-Hashtags werden Unternehmen auch von Benutzern generierte Inhalte entdecken und austauschen.

TIPP: Lassen Sie sich von Top-Influencern und Konkurrenten in Ihrer Nische inspirieren. Diese Methode hilft Ihnen nicht nur dabei, mehr Bekanntheit zu gewinnen und mehr Anhänger zu gewinnen, sondern auch auf dem Radar der Influencer.

Wann und wie zu posten?

Ähnlich wie bei Ihrer Content-Strategie dauert es einige Zeit, bis Sie herausfinden, wann und wie Sie auf Instagram posten. Es gibt keine einzige Antwort, da Ihre Veröffentlichungsmuster davon abhängen, wer Ihren Content anzeigt und wann er sich auf Instagram befindet. Letztendlich müssen Sie Daten sammeln, um diese Frage zu beantworten.

Wenn Sie mit der Ausarbeitung Ihrer Beitragsstrategie beginnen, empfehlen wir Ihnen, ständig und in allen Zeitzonen zu posten, insbesondere wenn Sie eine multinationale Marke sein möchten. Beginnen Sie mit 10 bis 20 Bildern, um eine Grundlage für Ihren Feed zu legen, und posten Sie ihn dann mindestens einmal am Tag. Wenn Sie schneller wachsen und schneller Ergebnisse sehen möchten, posten Sie mehr.

Je mehr Sie posten, desto schneller wachsen Sie und desto schneller können Sie erkennen, zu welchen Tageszeiten und zu welchen Arten von Inhalten die besten Ergebnisse erzielt werden. Später werden wir uns mit den verschiedenen Anwendungen beschäftigen, mit denen Sie abschätzen können, welche Zeiten am besten funktionieren.

Planen von Instagram-Inhalten

Wenn Sie Ihre Instagram-Inhalte planen, können Sie konsistent bleiben und die tägliche Bearbeitung und das Posting entfallen. Wenn Sie nicht aufpassen, können soziale Medien Ihre Zeit und Produktivität aufnehmen, sodass die Planung von Inhalten dazu beitragen kann, präsent zu bleiben und sich auf andere Aufgaben zu konzentrieren.

Teil 3:Wie konvertiere ich Instagram-Follower zu zahlenden Kunden?

Ich vermute, in diesem Teil benötigen viele Leute Anleitung, und es ist wahrscheinlich die Quelle von Frustration, wenn es darum geht, Instagram für geschäftliche Zwecke zu nutzen.

Wie bereits gesagt, bedeutet das Wachsen Ihrer Follower-Basis nicht viel, wenn Sie nichts damit anfangen. Glücklicherweise können Unternehmen eine Menge Erfolg erzielen, wenn es darum geht, Instagram zu nutzen, um den Traffic und letztendlich den Umsatz zu steigern.

Die "Brücke" zwischen Instagram und Ihrem Unternehmen wird im Allgemeinen durch einen Lead-

Magnet (normalerweise ein kostenloser, hochwertiger Inhalt) gebildet, der die Benutzer zu einer Landing Page führt, auf der sie ihre E-Mail-Adressen im Austausch für den Lead-Magnet eingeben können .

Die Lead-Magnet-Methode ist zwar für inhaltsbasierte Unternehmen und für Blogger sehr leistungsfähig, funktioniert jedoch möglicherweise nicht für alle. Für E-Commerce-Unternehmen können Produkt-Shots mit Links zu Ihrem Online-Shop oder zu einer Zielseite, die eine Ermäßigung oder ein Sonderangebot für eine E-Mail-Anmeldung bietet, eine effektive "Brücke" sein. Für Dienstleistungsunternehmen wie Maskenbildner oder Hochzeitsfotografen könnte die "Brücke" Fotos von Ihrer Arbeit in Aktion sein, mit ähnlichen Links zum Kauf oder Abschluss eines Deals.

Der Instagram-Verkaufstrichter

Bevor wir uns mit den Strategien des Verkehrs beschäftigen, wollen wir einen kurzen Abstecher durch den Instagram-Trichter machen. Das meiste moderne Marketing kann in einem Verkaufstrichter-Modell organisiert werden: Bewusstsein, Interesse, Entscheidung, Aktion.

Wenn Sie es nicht bemerkt haben, unterscheidet sich Ihre Instagram-Strategie nicht von einer typischen Marketingstrategie.

Bewusstsein

Das A und O des Trichters ist, wie viele Nutzer Sie erreicht haben und wie viele Ihre Inhalte gesehen haben. Dies sind die höchsten Werte, weshalb es die Oberseite des Trichters darstellt.

Interesse

Wenn sich Ihr Trichter verengt, werden auch Ihre Zahlen kleiner. Der nächste Abschnitt, "Interesse", zeigt an, wie viele Benutzer an Ihren Inhalten interessiert sind und Ihre Beiträge verfolgt oder damit beschäftigt sind.

Entscheidung

Der nächste Abschnitt wird als Entscheidung bezeichnet, da er die Benutzer darstellt, die auf Ihren Link klicken. Auf diese Weise haben sie sich entschieden, mit Ihrer Marke zu interagieren und von Instagram zu Ihrer Website oder Zielseite zu wechseln.

Aktion

Der letzte Teil des Trichters, Aktion, ist, wie viele Leute Ihre gewünschte Aktion beenden. Diese Aktion könnte der E-Mail-Liste beitreten, Ihr Blog abonnieren oder ein

Produkt oder eine Dienstleistung erwerben. Dies ist es, was wir meinen, wenn wir "Instagram-Follower" in Kunden umwandeln. Ihr Erfolg in dieser Phase hängt von der Wirksamkeit der vorherigen Stufen sowie dem allgemeinen Wert ab, den Sie über Ihre Website oder Ihr Link-Ziel angeben.

Unabhängig von Ihrem Endziel bedeutet die Kultivierung eines gesunden Instagram-Trichters, dass Sie Ihr Publikum durch jeden Schritt des Prozesses führen müssen.

Hier sind einige Strategien, um Instagram-Follower auf Ihre Website oder Landing-Page zu leiten:

Bilder

Wenn Sie für Produkte werben, versuchen Sie, etwas anderes als eine unkomplizierte Produktaufnahme zu veröffentlichen. Lebensstilbilder sind immer gut für die Förderung von Produkten, wenn Sie eine tatsächliche Person zeigen können, die Ihr Produkt verwendet. Aus diesem Grund können vom Nutzer generierte Inhalte für authentische Werbung verwendet werden. Sie können Ihr Produkt im realen Leben präsentieren, und jemand anderes macht die Fotografie für Sie.

Instagram-Stories

Da es sich bei Instagram Stories um mehr Echtzeit-Posts handelt als bei normalen Posts, verwenden viele Marken sie, um neue Produkte, Lead-Magnete und Verkäufe zu teilen. Marken machen dies auch, weil Sie jetzt einen Live-Link hinzufügen können, der die Lücke zwischen

Instagram und Ihrer Website überbrückt. Es war eine ziemlich große Sache, als diese Änderung vorgenommen wurde, denn vor Jahren war der einzige andere Ort für einen Live-Link die Instagram-Biografie.

Ein weiteres Werkzeug in Instagram Stories, das die Einbindung und den Verkehr fördert, ist die neue **Umfragefunktion**. In der Story-Umfrage können Sie eine Frage stellen und zwei anpassbare Antworten geben.

Sie können die Ergebnisse Ihrer Umfrage dort anzeigen, wo Sie sehen, wer Ihre Geschichte angezeigt hat, indem Sie das Bild oder Video auswählen. Diese Umfrage ist eine einfache Methode, um eine einfache Zielgruppenforschung durchzuführen, sie jedoch sparsam einzusetzen. Zu viele Umfragen, und Ihr Publikum kann gelangweilt werden.

Instagram Influencers

Steigern Sie den Verkehr durch Zusammenarbeit mit Influencers
Die Zusammenarbeit mit Influencern folgt einigen der gleichen Prinzipien hinter dem Shoutout, geht aber einen Schritt weiter, indem er sich auf ein Hauptziel konzentriert. Während Shoutouts durchgeführt werden, um Ihre Marke einem neuen Publikum vorzustellen und

Anhänger zu gewinnen, erfordert die Arbeit mit Influencern normalerweise, dass sie ein bestimmtes Produkt, einen bestimmten Magneten oder ein übergeordnetes Ziel fördern.

Das Konzept eines Influencers, verwendet beliebte Instagram-Accounts, um eine Marke zu promoten. Ob Sie es glauben oder nicht, es kann auch viel mächtiger sein.

Mundpropaganda-Marketing ist stärker als je zuvor. Die Verbraucher sind es leid, mit Werbeaktionen von Marken durchdrungen zu werden. Sie reagieren positiver auf ehrliche Empfehlungen. Wenn also ein Influencer über etwas postet, wirkt er eher wie ein authentischer Ratschlag als Marketing. Deshalb ist die Arbeit mit Influencern eine wirkungsvolle Möglichkeit, Menschen von Instagram auf Ihre Website zu bringen.

Teil 4: Messen und Analysieren Ihrer Instagram-Aktivitäten

Nur ein Teil Ihrer Instagram-Marketingstrategie umfasst das Posten von Inhalten und das Eingehen von Followern. Im anderen Teil geht es darum sicherzustellen, dass das, was Sie tun, funktioniert. Die Verfolgung der Ergebnisse ist ein entscheidender Schritt, um sicherzustellen, dass Ihre Ressourcen sinnvoll eingesetzt werden. Analytics kann Sie auch auf neue Strategien aufmerksam machen, die Sie möglicherweise auf höheren Ebenen verfolgen möchten.

Es gibt eine Vielzahl von Tools zur Messung des Fortschritts und zur Analyse der Ergebnisse.

Instagram Insights (Einblicke)

Instagram Insights ist ein hervorragendes Analysetool, das direkt in die Plattform integriert ist. Es ist nur für Business-Profile verfügbar, aber das Umschalten auf eines ist einfach und kostenlos, und jeder kann es tun.

Für ein In-App-Berichtstool bietet Insights einige großartige Daten. Es misst Ihre Kontoansichten und zeigt sie direkt in Ihrem Profil an. Sie verknüpft die Erkenntnisse der einzelnen Beiträge direkt unter dem Bild. So können Sie einfach die Anzahl der Kommentare, Likes, Save, Reichweite und Eindrücke sowohl von Ihren Followern als auch neuen Nutzern. Außerdem enthält es ein praktisches Glossar, in dem erläutert wird, was jede Metrik bedeutet.

Tools von Drittanbietern

Command für Instagram (nicht kostenlos, iOS)

Command für Instagram ist ein kostenpflichtiges Analysetool, das als eine andere App auf Ihrem Smartphone funktioniert. Command wurde speziell für Influencer und Marken entwickelt und bietet eine breite Palette von Kennzahlen für Ihr Konto sowie eine Berichtskarte, mit der Sie Ihre Aktivitäten im Vergleich zu Branchenstandards messen können. Das Tool macht es auch einfach, die Aktivität der Wettbewerber zu verfolgen.

Social Blade (kostenlos)

Social Blade ist ein weiterer Favorit. Es fasst Ihre Wachstumsstatistiken zusammen und vergleicht sie mit Ihrer täglichen Entsendungsaktivität (kostenlos!). So können Sie leicht erkennen, welche Inhalte und Ihr Engagement zum schnellsten Wachstum führen.

Social Blade

Mit Social Blade können Sie auch Ihre Mitbewerber und andere Konten in Ihrer Nische verfolgen. Verwenden Sie die Funktion "Vergleichen mit", um Ihr Konto mit anderen zu vergleichen.

Keyhole (nicht kostenlos (3-Tage-Trial)

Keyhole ist ein Tracking-Tool. Es bietet zwei kostenpflichtige Dienste: 1) Hashtag- und Keyword-Aggregation und 2) Kontenverfolgung und Berichterstellung. Für Ihr Instagram-Konto misst Keyhole sowohl Live- als auch vergangene Daten und macht es leicht, Ihre Daten durch übersichtliche Grafiken und Tabellen zu überprüfen.

Iconosquare (nicht kostenlos mit 14-tägiger Testversion)

Iconosquare ist unsere bevorzugte Analyse-App für Drittanbieter. Wir empfehlen dieses Tool, da es hilft festzustellen, wann sich Follower am meisten aktivieren.

Union Metrics (mit einigen kostenlosen Tools)

Union Metrics ist ein weiteres kostenpflichtiges Analysetool, jedoch mit einer zusätzlichen Intelligenzkomponente. Neben Analysen und Berichten bietet Union Metrics soziales Zuhören und Konkurrentenanalysen, sodass Sie Ihr Publikum leicht im Auge behalten und deren Interessen besser verstehen können.

In Anbetracht der Anzahl der verfügbaren Instagram-Analysetools besteht der beste Ansatz bei der Suche nach der besten Anpassung darin, einfach Geduld zu haben und so viele wie möglich zu testen. Die meisten kostenpflichtigen Anwendungen bieten eine kostenlose Testversion an, sodass Sie einen Einblick in die Benutzeroberfläche und die Analysedetails erhalten. Diese Optionen geben Ihnen die beste Vorstellung davon, welches Tool für Ihr Konto, Ihre Aktivität und Ihr Publikum am besten geeignet ist. Wenn Sie Ihren Favoriten entdeckt haben, scheuen Sie sich nicht, einzutauchen und Ihre Ergebnisse auf Ihr Instagram anzuwenden.

Die besten Instagram-Tools

Instagram selbst ist ein unglaublich leistungsfähiges Marketing-Tool, aber die App allein kann Ihren Anforderungen als Marke und Vermarkter nicht immer gerecht werden.

Glücklicherweise gibt es eine Reihe von Tools von Drittanbietern, mit deren Hilfe Sie Ihre Ziele erreichen können, während Sie Ihre Instagram-Präsenz vergrößern.

Bilder aufnehmen und bearbeiten

Während Instagram den Nutzern eine ausreichende In-App-Kamera und Bearbeitungssuite bietet, möchten Marken möglicherweise einen anderen Standort suchen, um sicherzustellen, dass ihre Inhalte in der Masse auffallen.

VSCO (Kostenlos, iOS & Android)

VSCO ist eine Fotobearbeitungs-App, die viele verschiedene Filter-, Farb- und Korrekturoptionen bietet. Sie können Beleuchtung, Komposition und viele weitere Funktionen anpassen. Die Verwendung ist ganz einfach: Laden Sie einfach ein Bild von Ihrer Kamerarolle hoch, bearbeiten Sie es und speichern Sie es zur Veröffentlichung auf Ihrem Telefon.

Foodie(kostenlos, iOS & Android)

Foodie stammt von den Herstellern von LINE Camera, ist jedoch speziell für die Lebensmittelfotografie gedacht. Also, Essen-Blogger, Köche, Restaurants und Cafés hört zu! Foodie hilft, die schlechte Beleuchtung im Restaurant zu bekämpfen, und sorgt dafür, dass Ihre Lebensmittelaufnahmen perfekt aufeinander abgestimmt sind. Es kommt auch mit Filtern.

A color story (kostenlos, iOS & Android)

A color story wurde von den Machern des Blogs A Beautiful Mess entwickelt. Es ist eine Fotobearbeitungs-App wie VSCO und andere, aber der Fokus liegt auf der Erstellung frischer, farbenfroher Fotos. Wenn Sie Designer, Maler, Florist oder Blogger sind und einfach bemalte Wände lieben, sollten Sie sich A Color Story ansehen. Diese App kann dazu beitragen, dass Ihr Insta-Grid mit Farbe explodiert.

LINE-Kamera (kostenlos, iOS & Android)

Diese App wird mit einer integrierten Kamera geliefert, mit der Sie jedes Selfie optimieren können. Es macht nicht nur Ihren gesamten Bildschirm zum Kameraauslöser (damit Sie nicht nach dem unteren Knopf greifen müssen), sondern bietet auch eine In-App-Bearbeitungssuite, mit der Sie Falten glätten oder Ihre Augen vergrößern können.

Mit Bildern kreativ werden

Nicht jeder Beitrag, den Sie auf Instagram teilen, muss ein Originalfoto sein, das von einem professionellen Fotografen aufgenommen wurde. In Ihrem Feed können alle Arten von Inhalten geteilt werden, einschließlich zitat- und textbasierter Bilder

Typorama (Kostenlos, iOS)

Typorama ist eine Foto-Entdeckungs- und Design-App. Sie können Bilder aus der kostenlosen Bildquelle von Pixabay abrufen oder Ihre eigenen hochladen, um sie mit Text zu überlagern. Und genau wie andere Fotobearbeitungs-Apps verfügt auch Typorama über eigene Filter.

Photofy (kostenlos, Android)

Photofy ist genau wie Typorama, aber für Android-Nutzer. Es bietet Text in Form von vorgefertigten Aufklebern, die Sie über Ihre Bilder legen können. Photofy hat auch eine Web-App, wenn Sie Ihre Fotos lieber auf dem großen Bildschirm ausarbeiten möchten.

Over (kostenlos, iOS)

Over ist eine Grafikdesign-App, mit der Sie Ihren Fotos Text, Aufkleber, Filter und mehr hinzufügen können. Sie können auch Ihre gesamte Markendesign-Suite in Over hochladen, sodass Sie alle Ihre Bilder mit Wasserzeichen versehen und mit einem Brand versehen können. Over bietet außerdem Tausende von vorgefertigten Vorlagen für Angebote, Produktankündigungen, Veranstaltungen und mehr.

Layout von Instagram (kostenlos, iOS & Android)

Layout ist einfach ein Collage-Macher. Laden Sie bis zu neun Bilder in die App hoch. Mit Layout können Sie eine Kombination erstellen, die direkt auf Instagram gepostet werden kann.

Whitagram (kostenlos, iOS)

Whitagram ist eine Fotobearbeitungs-App, mit der Sie Ihre Fotos neu positionieren und umbenennen können. Viele Konten verwenden Whitagram zum Hochladen von Bildern mit weißem (oder farbigem) Hintergrund. Sie können Ihren Bildern auch Aufkleber oder Text hinzufügen.

Video aufnehmen

Durch das Posten von Videos in Ihren Instagram-Feed und Ihre Story können Sie Ihr Publikum auf andere Weise ansprechen.

Hyperlapse von Instagram (kostenlos, iOS)

Ein Zeitraffer-Video besteht im Wesentlichen aus mehreren Fotos, die in einem schnelleren Video zusammengefügt werden. Wenn Sie jemals ein Video einer schnellen Makeup-Anwendung, eines Rezepts oder sogar des Sonnenuntergangs gesehen haben, haben Sie einen Zeitraffer gesehen. Hyperlapse von Instagram hilft Ihnen dabei, lange Prozesse oder Ereignisse zu erfassen, und erstellt Zeitvorgaben, die den Videostandards von Instagram entsprechen.

Bumerang von Instagram (kostenlos, iOS & Android)

Ein Bumerang ist eine andere Art von Video, die auf Instagram sehr beliebt ist und Sie sofort erkennen werden. Es sind im Grunde ein Video das einige Sekunden dauert, die vorwärts und dann rückwärts abgespielt werden. Mit Boomerang for Instagram können Sie Boomerang-Videos aufnehmen und in Ihrem Feed oder Ihrer Story veröffentlichen.

Inhalte veröffentlichen und verwalten

Das direkte Posten von Inhalten über Instagram selbst ist eine gute Strategie. Wenn Sie jedoch Ihre Inhalte diversifizieren oder die Häufigkeit des Posten erhöhen möchten, benötigen Sie möglicherweise etwas Hilfe. Diese Tools können beim Posten und Verwalten von Inhalten hilfreich sein.

Later (nicht kostenlos, iOS & Android)

Later ist eines von ein paar Dutzend Instagram-Tools für die Planung von Inhalten. Tools wie Later und Planoly können Sie dabei unterstützen, zu visualisieren, welche Inhalte Sie wann veröffentlichen und welche Hashtags verwendet werden sollen.

Repost für Instagram (kostenlos, iOS & Android)

Durch das Posten von benutzergenerierten Inhalten auf Ihrer Website können Sie Ihr Produkt in einer realen Umgebung zeigen und Kundenempfehlungen über ein erneut veröffentlichtes Bild austauschen. Repost für Instagram macht es leicht, den Inhalt anderer für Ihren eigenen Feed zu teilen.

Link Tracking

Mithilfe eines Link-Trackers eines Drittanbieters können Sie feststellen, wie effektiv Ihre Werbepostings sind, und Ihre Conversion-Raten und Sie können den Zustand des Instagram-Trichters genau messen.

PrettyLink

PrettyLink ist ein Wordpress-Plugin, mit dem Sie kurze Links von Ihrer eigenen URL (im Gegensatz zu tinyurl.com oder bit.ly) erstellen können. Diese kurzen Links sind nützlich, wenn Sie eine URL in Ihren Bildunterschriften hinterlassen. Da der einzige Live-Link in Ihrer Biografie enthalten ist, erleichtert das Werben mit einem kurzen Link Ihrem Publikum die manuelle Eingabe der URL und das Aufrufen Ihrer Zielseite.

Bit.ly

Bit.ly ist eine Alternative zu PrettyLink. Es ist zwar eine großartige Option für diejenigen, die keine Wordpress-Site haben, bietet jedoch keine kurzen Links von Ihrer Hauptdomäne an. Es bietet jedoch ein vergleichbares Link-Tracking, das Sie direkt auf der bit.ly-Website finden können.

Um auf Instagram zu vernetzen

Um auf Instagram erfolgreich zu sein, müssen Sie nicht nur mit Ihren Followern kommunizieren und interagieren, sondern Sie müssen sich auch mit Ihren Mitbewerbern und Industriepartnern vernetzen und zusammenarbeiten. Das ist, wo diese Apps nützlich sind.

Kik Kik (kostenlos, iOS & Android)

Die Direktnachrichtenfunktion auf Instagram ist hilfreich, aber Apps wie Kik können Sie direkt mit Gruppen für S4S- und Shoutout-Möglichkeiten verbinden. Es eignet sich auch hervorragend zum Networking mit Influencern und Mitgliedern Ihrer Zielgruppe.

Telegramm (kostenlos, iOS & Android)

Telegram ist eine weitere Cloud-basierte Direktnachrichten-App, mit der Marken sich mit Gleichgesinnten in Verbindung setzen, um S4S-Kampagnen einzurichten. Durch Shoutout-Gruppen und direkte Chats vernetzen sich Instagram-Nutzer und organisieren Gelegenheiten zum Kommentieren und Teilen.

Instagram ist eine Plattform, die sich nach Möglichkeiten für das Marketing eignet. Die Kultivierung einer Social-Media-Community ist nicht so entmutigend, wie es scheint. Konzentrieren Sie sich immer nur auf eine Strategie, und Sie werden feststellen, dass die Verwaltung Ihres Instagrams so einfach ist wie das Führen eines Blogs oder das Aktualisieren einer Website.

Das Wachstum Ihres Instagram-Kontos ist keine über Nacht unternommene Aufgabe, aber wenn Sie konsequent vorbereiten, strategisieren und veröffentlichen, werden Sie schneller Ergebnisse sehen, als Sie denken. Vielleicht haben Sie sogar Spaß daran, wenn Sie die seltene Gelegenheit in Betracht ziehen, authentische Verbindungen mit Ihrem Publikum herzustellen.

Sobald Sie sehen, dass Ihr Engagement, Ihre Conversion und Ihre Einnahmen steigen, werden Sie feststellen, dass sich das alles lohnt.

Bonus: 25 Hacks zum erfolgreichen Durchstarten

Es ist an der Zeit, die Möglichkeiten für Ihr Unternehmen zu nutzen, um den Umsatz und die Markenbekanntheit zu steigern, indem Sie diese 25 Instagram- Tipps befolgen.

1. Verwenden Sie ein professionelles Bild für Ihr Profil. Das Bild ist eines der ersten Dinge, die die Menschen sehen werden und der erste Eindruck ist der wichtigste.

2. Machen Sie einen Benutzernamen, an den sich die Benutzer erinnern werden. Es muss Ihren Namen, Firmennamen usw. enthalten, für den Sie versuchen, auf Instagram eine Anhängerschaft aufzubauen.

3. Schreiben Sie eine kurze, aber detaillierte Beschreibung für Ihr Profil. Stellen Sie sicher, dass es sagt, was Sie tun, aber Sie müssen sich auch nicht nur ums Geschäft kümmern. Wenn es sich um Ihr persönliches Konto handelt, sprechen Sie über Ihren Beruf und darüber, was Ihre anderen Interessen mit den Menschen zu tun haben.

4. Fügen Sie einen Link zu Ihrem Profil zu Ihrer Website, Ihrem Blog, Ihrer Facebook-Seite usw. hinzu. Sie

möchten, dass die Leute irgendwo hingehen, um mehr darüber zu erfahren, was Sie tun, wenn sie interessiert sind.

5. Posten Sie ein Bild am Tag, egal was passiert. Wenn Sie in Ihrem Posting auf Instagram konsistent sind, können Sie schneller Follower aufbauen und den Leuten zeigen, dass Sie in Ihrem Branding aktiv sind.

6. Verwenden Sie in jedem Beitrag #hashtags. Dies ist ein Muss, wenn Sie Menschen dazu bringen möchten, Ihre Bilder zu sehen.
7. Verbinden Sie Instagram mit Facebook, Twitter, Tumblr und Flickr. Je mehr Social-Media-Sites, desto mehr Bekanntheit erhalten Sie. Wenn Sie Instagram für Marketingzwecke verwenden, gehen Sie den ganzen Weg und teilen Sie jeden Beitrag gleichzeitig auf diesen anderen Websites.

8. Kein Spam! Die Leute hassen es und werden Ihnen niemals folgen, wenn Sie nur Verkaufsbilder und Anzeigenfotos posten. Veröffentlichen Sie eine Vielzahl von Bildern, z. B. Lebensstil, was Ihr Produkt für Menschen getan hat, welche Interessen Sie haben, Angebote usw.

9. Verwenden Sie die Followers + App. Auf diese Weise können Sie überwachen, wie beliebt Sie auf Instagram werden, und eine Aufschlüsselung Ihrer Follower sehen.

10. Folgen Sie Leuten, um Anhänger zu bekommen. Eine bestimmte Anzahl von Leuten wird Sie immer auf Instagram zurückverfolgen. Eine Möglichkeit, mehr Anhänger zu bekommen, ist, den Leuten einfach zu folgen.

11. Wenn Sie Personen folgen, vergewissern Sie sich, dass sie sich in Ihrer Zielgruppe befinden. Recherchieren Sie, wer tendenziell Ihre Dienstleistungen oder Ihr Produkt kauft. Wenn Sie Ihr perfektes Publikum als Zielgruppe haben, dann werden Sie auch zu potenziellen Kunden.

12. Finden Sie Mitbewerber und andere Marken, die Ihren ähnlich sind. Wenn Sie dies tun, verwenden Sie die Follow-Mate-App und sehen Sie, wer diesen Mitbewerbern folgt. Dies ist Ihr perfektes Publikum und Sie müssen sich mit so vielen wie möglich verbinden.

13. Verwenden Sie Instagram Direct, um private Nachrichten an bestimmte Personen zu senden. Wenn Sie sich persönlich mit Personen auf Instagram verbinden möchten, können Sie ihnen jetzt direkt eine Nachricht senden, ohne dazu Kommentare oder Links auf

einer anderen Social-Media-Site wie Facebook verwenden zu müssen.

14. Antworten Sie auf Kommentare. Die Leute lieben es, wenn Sie tatsächlich mit Ihren eigenen Anhängern aktiv sind. Es baut ein Vertrauen und eine stärkere Verbindung auf, die zu mehr Kundenbindung oder einfach zu einem besseren Branding führen könnten.

15. Beschreiben Sie Ihre Bilder, die Sie posten. Machen Sie sich ein Bild davon, was in Ihren Posts auf Instagram passiert, damit die Leute wissen, was los ist und was der Zweck des Posts ist. Es wird die Interaktion erhöhen.

16. Veröffentlichen Sie kurze Videos. Jeder liebt kurze, interessante Videos. Schauen Sie sich die Beliebtheit von Websites wie Youtube an.

17. Achten Sie auf die Analyse. Wenn Sie auf Instagram Marketing betreiben, müssen Sie auf die Zahlen achten, die Sie über Ihre Beliebtheit informieren und welche Ihrer Beiträge mehr Zuschauer und Interaktion bieten.

18. Achten Sie auf die Top-Beiträge der Instagram-Vermarkter. Eine der einfachsten Möglichkeiten, um im Marketing oder im Heimgeschäft gut zu werden, besteht

darin, die Vorstellungen der Profis zu modellieren und nur ein wenig Ihrer persönlichen Note hinzuzufügen.

19. Machen Sie einen Spickzettel für Hashtags. Machen Sie es sich leichter, indem Sie eine Notiz auf Ihrem Smartphone speichern, die Ihre beliebtesten, verwandten Hashtags enthält, die viel Interaktion erfordern. Kopieren Sie sie einfach und fügen Sie sie in Ihre Bildbeschreibungen ein, anstatt sie jedes Mal einzugeben.

20. Folgen Sie Ihren Facebook- und anderen Verbindungen, die über Instagram verfügen. Instagram integriert viel für Sie, um Verbindungen schneller als die meisten Social-Media-Sites herzustellen.

21. Stellen Sie sicher, dass Sie Ihren Followern folgen. Es ist üblich, Menschen auf Instagram zu folgen, insbesondere wenn Sie erwarten, dass andere dasselbe für Sie tun. Schaffen Sie eine gute Stimmung mit Ihren Followern.

22. Kommentieren Sie die Beiträge der Mitbewerber. Auf Instagram sollten Ihre Konkurrenten als potenzielle Quelle für Anhänger angesehen werden. Sie sind definitiv nicht zu vermeiden. Dies ist eine gängige Praxis für erfahrene Instagram-Vermarkter und ein guter

Ausgangspunkt, um mit diesen Followern in Kontakt zu treten und sie letztendlich zu Ihnen zu bringen. Das Kommentieren von Posts ist der nächste Schritt, der es Ihnen ermöglicht, die Beziehung zur Phase der Einführung Ihrer Marke zu bringen.

23.Stellen Sie Fragen in Beiträgen, um das Engagement zu erhöhen. Fragen sind auf Social Media stark. Die Menschen geben gerne Antworten und fühlen, dass ihre Meinung zählt. Wie kann man sie besser einbinden als ein oder zwei Fragen zu stellen? Sie könnten nach Meinungen über Ihr Unternehmen oder Ihre Produkte fragen - zum Beispiel, indem Sie Anhänger fragen, ob sie A oder B, diese Farbe oder diese Farbe bevorzugen, oder ob diese Stiefel zu diesen Jeans passen? Sie können auch Fragen dazu stellen, wie sie die von ihnen gekauften Produkte verwenden oder wie sie zu ihrem gesamten Lebensstil passen.

24. Geben Sie Ihre URL, Ihren Markennamen oder beides auf Ihre Bilder. Verwenden Sie Instaquote oder eine andere App, um das Bild zu bearbeiten und mit einem Branding zu versehen, damit sich die Benutzer an Sie erinnern können, wenn sie e sehen. Dies erhöht die Bekanntheit von Marken.

25. Geotagieren Sie Ihren Beitrag: Geotagieren Sie Ihren lokalen Kunden, indem Sie ihnen anhand einer Fotokarte mitteilen, wo Sie sich befinden.

Und dies wären die zusätzlichen Tipps, die Sie zum Vorteil nutzen können.

Die Power-Tipps zusammengefasst

Hier sind nochmal die wichtigsten Tipps:

Legen Sie Ihre Instagram-Marketing-Geschäftsziele fest:

- Steigern Sie die Anzahl Ihrer Follower
- Wachsende Markenbekanntheit
- Größeres Engagement

Follower gewinnen

-Einen Anreiz geben: Erstellen Sie ein attraktives Profilbild und ein ansprechendes und witziges Bio - scheuen Sie sich nicht, Emojis dort hinein zu werfen.Wenn Sie einen Link zu Ihrer Homepage, E-Mail-Abonnementseite oder buchstäblich zu einem anderen Markenlink haben, der möglicherweise die Beziehung zu Ihren Followern verlängert, fügen Sie dies auf jeden Fall hinzu!

Mit Followern integrieren: Stellen Sie sicher, dass Sie regelmäßig mit den Konten interagieren, die Sie regelmäßig verfolgen!

BIO: Sie sollten an Ihrer Biobeschreibung arbeiten, erklären, wer Sie sind und worum es in Ihrem Konto geht, sich mit anderen Konten in Ihrer Nische in Verbindung setzen und mit ihren Followern Kontakt aufnehmen.

Ein Thema und Layout: Ein gutes Layout für Ihre Bilder ist wirklich wichtig. Das Gesamtraster-Aussehen ist jedoch eines der wichtigsten (wenn nicht das wichtigste) Element, um Ihnen dabei zu helfen, Follower auf Instagram zu finden. Es zeigt, dass Sie Ihre Marke ernst nehmen und sie wissen lassen, dass sie gleich bleibende Qualitätsinhalte erwarten kann.

Hashtags: Fügen Sie in jedem Beitrag eine Vielzahl (30 pro Beitrag) verschiedener Hashtags hinzu, um Ihre ursprünglichen Beiträge für potenzielle Follower besser erkennbar zu machen.

Engagement-Gruppen: Zunächst sollten Sie mit der Verwendung von Engagement-Gruppen beginnen. Gruppengespräche innerhalb von Instagram sind großartig, weil jeder, der in dieser Gruppe teilnimmt, bereit ist, die Beiträge anderer Mitglieder zu mögen und / oder zu kommentieren, und zwar im Austausch für ihre eigenen Beiträge, die gemocht und / oder kommentiert werden.

Anzeigen: Sie sollten in Anzeigen investieren. Wenn Sie eine Marke aufbauen (und nicht nur Bilder Ihrer Katze veröffentlichen), werden Instagram-Anzeigen an diesem Punkt sehr nützlich sein.

Planung Ihrer Instagram-Posts: Wann und wie häufig Sie posten.

Nutzen Sie Influencer: Sie können den Influencer schreiben und Kontakt aufnehmen.

Markiere einen Freund: Eine der besten Möglichkeiten, die Leute für Ihre Inhalte zu werben, besteht darin, sie einfach zu bitten, ihre Freunde zu „taggen" (markieren).

Veranstalten Sie ein Giveaway: Bieten Sie einen Preis an, den Ihre Anhänger nicht ablehnen können!

Shoutouts: Sie können sich auf verschiedene Wege einigen, um die Shouts zu machen.

Auf KEINEN Fall Instagram Follower kaufen!

Interessante und relevante Inhalte : Erstaunliche Inhalte erstellen, die die Leute dazu bringen werden, zu bleiben. **Bilder mit Zitaten**, **Personenfotos und**

Selfies, **Bilder der Natur**, **Einblick in das Geschehen**, **Benutzergenerierte Inhalte**.

Videos: Videos sind auch sehr beliebt.

Instagram Stories: Instagram Stories humanisieren Ihre Marke, was in einer Welt wichtig ist, in der Menschen es bevorzugen, von einer Marke zu kaufen, der sie vertrauen und mit der sie sich verbunden fühlen.

Verstehen Sie Ihre Nische: Was veröffentlichen sie? Welche Themen sehen Sie und welche sind die beliebtesten Beiträge? Fragen Sie sich, wie Sie Ihren Inhalt besser machen können als Ihre Konkurrenten. Was fehlt ihnen, was Sie anbieten können?

Identifizieren Sie Ihre Themen: Lassen Sie uns das allgemeine Verständnis Ihrer Nische in Themen umwandeln, um die Sie echten Inhalt erstellen können.

Bildunterschriften, die konvertiert werden: Während Ihr visueller Inhalt entscheidend ist, um Ihr Publikum anzuziehen und zu unterhalten, sind Ihre Bildunterschriften der Schlüssel zum Engagement und schließlich zur Conversion.

Umfragefunktion. In der Story-Umfrage können Sie eine Frage stellen und zwei anpassbare Antworten geben.

Messen und Analysieren Ihrer Instagram-Aktivitäten.

Nutzen Sie verschiedene Instagram-Tools.

Fazit

Als jemand der es ernst mit Instagram meint, sollten Sie jetzt alles nötige haben, um durchzustarten. Instagram ist eines der größten sozialen Netzwerke. Wenn Sie die Verwendung von Instagram zur Werbung oder Vermarktung Ihres Unternehmens in Betracht ziehen, müssen Sie die Denkweise Ihrer Follower kennen und wissen, wie eine Beziehung zu ihnen aufgebaut werden kann und wie Sie mehr Follower finden können.

Es spielt keine Rolle, wie großartig Ihr Produkt ist oder wie viel Aufwand Sie für das Marketing aufwenden, wenn Sie keine echten, guten Anhänger und Strategie haben.

Jetzt haben Sie das Werkzeug, das Sie brauchen, um erfolgreich zu werden.

Finden Sie Ihre Leute, engagieren Sie sich! Instagram ist Ihre Waffe, die Sie kontrollieren! Es hat sich zu einer großen Vermarktungsmöglichkeit für Marken auf der ganzen Welt entwickelt. Die Leute auf Instagram möchten sich mit coolen Marken verbinden! Dieses Buch ist eine perfekte Anleitung, um zu verstehen, wie man mit der Zielgruppe interagiert, und um ein intelligentes Follow-up zu schaffen, das mit engagierten Menschen gefüllt ist, nicht nur mit einer großen Anzahl von Interessenten, die nicht interessiert sind.

Handeln Sie noch heute und bringen Sie Ihr Instagram-Geschäft auf die nächste Stufe, indem Sie die Tipps und Strategien anwenden, die wir Ihnen gezeigt haben! Viel Spaß!

Hat ihnen das Buch gefallen?

Gerne können Sie mir eine kurze Bewertung auf Amazon hinterlassen darüber freue ich mich sehr.

Gibt es etwas zu verbessern oder zu verändern?
Feedback ist willkommen
gerne an dlamancu@gmx.de

Weitere Bücher Finden sie hier

https://amzn.to/2IwVcBO

https://amzn.to/2ToOgAO

https://amzn.to/2DxvJ88

https://amzn.to/2z80AUb

Vielen lieben Dank für Ihre Unterstützung.

Haftungsausschluss

Die Umsetzung aller enthaltenen Informationen, Anleitungen und Strategien dieses E-Books erfolgten auf eigenes Risiko. Für etwaige Schäden jeglicher Art kann der Autor aus keinem Rechtsgrund eine Haftung übernehmen. Für Schäden materieller oder ideeller Art, die durch die Nutzung oder Nichtnutzung der Informationen bzw. durch die Nutzung fehlerhafter und/oder unvollständiger Informationen verursacht wurden, sind Haftungsansprüche gegen den Autor grundsätzlich ausgeschlossen. Ausgeschlossen sind daher auch jegliche Rechts- und Schadensersatzansprüche. Dieses Werk wurde mit größter Sorgfalt nach bestem Wissen und Gewissen erarbeitet und niedergeschrieben. Für die Aktualität, Vollständigkeit und Qualität der Informationen übernimmt der Autor jedoch keinerlei Gewähr. Auch können Druckfehler und Falschinformationen nicht vollständig ausgeschlossen werden. Für fehlerhafte Angaben vom Autor kann keine juristische Verantwortung sowie Haftung in irgendeiner Form übernommen werden.

Urheberrecht

Impressum

1. Auflage

Kontakt:
La Mancusa Daniele
Vorstadtstr. 52
73614 Schorndorf

Printed in Poland
by Amazon Fulfillment
Poland Sp. z o.o., Wrocław

52357387R00051